LA
PRÉPARATION MILITAIRE

ET L'

ÉDUCATION NATIONALE

en Angleterre

PAR

le Capitaine **A. DE TARLÉ**

PARIS

LIBRAIRIE MILITAIRE CHAPELOT

MARC IMHAUS ET RENÉ CHAPELOT, Éditeurs

30, Rue et Passage Dauphine (VIᵉ)

(Même maison à NANCY)

—

1912

Tous droits réservés.

LA PRÉPARATION MILITAIRE

ET

L'ÉDUCATION NATIONALE EN ANGLETERRE

PARIS. — IMPRIMERIE R. CHAPELOT ET Cᵉ, 2, RUE CHRISTINE.

LA
PRÉPARATION MILITAIRE

ET L'

ÉDUCATION NATIONALE

en Angleterre

PAR

le Capitaine A. DE TARLÉ

PARIS

LIBRAIRIE MILITAIRE CHAPELOT

MARC IMHAUS et RENÉ CHAPELOT, Éditeurs

30, Rue et Passage Dauphine (VIᵉ)

(Même maison à NANCY)

—

1912

LA PRÉPARATION MILITAIRE

ET

L'ÉDUCATION NATIONALE EN ANGLETERRE

Depuis longtemps, la question de la préparation militaire et de l'éducation nationale est à l'ordre du jour en France. La loi de recrutement du 15 juillet 1889 prévoyait, dans son article 85, reproduit intégralement dans celle de 1905, l'organisation légale de l'instruction militaire pour les jeunes gens de 17 à 20 ans. Un projet de loi dans ce sens fut déposé, le 15 mars 1907, par M. Berteaux ; un autre par le Gouvernement, le 5 juin 1908. Ils sont toujours à voter.

Fort heureusement, l'initiative privée se montre plus diligente que le Parlement ; la constitution d'une « Ligue d'éducation nationale », qui vient d'être réalisée, représente un grand progrès dans cette voie. Elle est basée sur le principe émis par M. Berteaux dans l'exposé des motifs de sa proposition de loi : d'abord, la préparation militaire doit être réduite au minimum et consister simplement à savoir « marcher, courir, grimper, tirer, résister à la fatigue » ; ensuite, la formation intellectuelle et morale de l'adolescent doit être poursuivie en même temps que son développement physique.

Voici le but que se propose la Ligue d'éducation nationale : *Rendre à la nation, avec le sentiment de sa force véritable, une confiance robuste et raisonnée en ses destinées et aider au maintien de son prestige au dehors.*

Restaurer la notion de la discipline, de l'autorité et de la hiérarchie, si nécessaire à une république démocratique, ainsi que le sens des responsabilités individuelles.

Tout membre adulte de la Ligue, par le fait de son adhésion, s'engagera sur l'honneur à ne jamais dénigrer sa patrie, surtout devant des étrangers, et à mettre en pratique à cet égard la formule ci-jointe : « Parler discrètement de ce qui est médiocre, taire ce qui est mauvais, exalter ce qui est bon ».

Les adhérents recevront un insigne portant les lettres R. F., initiales de la République, qu'ils devront interpréter ainsi : R., réfléchi, robuste, rapide ; F., franc, fidèle, fier. Ces six qualités sont celles qu'il doit se proposer d'acquérir et qui formeront la base essentielle de son caractère d'homme. Elles supposent l'esprit chevaleresque, le culte de la parole donnée, la maîtrise de soi, la belle humeur, l'habitude d'observer et de prévoir, de bonnes manières et la pratique quotidienne de l'hygiène. Autrement dit, un éclaireur doit détester le mensonge et la lâcheté ; mettre la patrie au-dessus de tout ; savoir obéir sans se plaindre et sans récriminer ; se montrer dur pour lui-même et doux envers les autres, poli, serviable, ami des animaux ; allier la gaieté au sang-froid...

La Ligue a emprunté ses caractères essentiels à l'institution anglaise des Boy Scouts, fondée par le lieutenant général Baden Powell en 1908, et qui a pris, non seulement dans le Royaume-Uni, mais dans tous les pays anglo-saxons, une extension considérable. Nous allons en donner un aperçu d'après les documents officiels que nous ont communiqués avec une grande amabilité sir Francis Vane, Bt, et M. Archibald Kyle, secrétaire général. Ces documents ont été commentés et vivifiés en mainte circonstance par le lieutenant-général Baden Powell lui-même, qui porte la bonne parole partout où le besoin s'en fait sentir. Citons seulement sa conférence du 6 mai 1910 à la National Defence Association, et celle du 29 mars 1911 sous la présidence de lord Haldane, Ministre de la guerre, où il a si bien montré les différences existant entre les Boy Scouts et les corps de Cadets. Un rapide exposé de l'organisation de ceux-ci et des sociétés analogues aux Boy Scouts complétera cette étude, de façon à présenter une vue d'ensemble de la préparation militaire en Angleterre.

*
* *

Pour apprécier l'œuvre du lieutenant-général Baden Powell, il ne faut pas oublier qu'elle n'est pas, à proprement parler, une œuvre de préparation militaire, mais une tentative de moralisation de l'enfance, dont les promoteurs attendent les plus grands résultats pour l'avenir de la race anglaise.

On sait combien est profond le mal des « unemployed » en Angleterre : rien qu'à Londres, près de 100,000 sans-travail errent à travers les rues, lamentable déchet de la plus orgueilleuse des nations ; comment en serait-il autrement, quand plus d'un million et demi d'enfants sortent de l'école sans aucune éducation, et se trouvent, à 13 ou 14 ans, abandonnés à toutes les mauvaises influences ? Si la formation du caractère existe dans une certaine mesure pour les classes supérieures de la société, les autres en sont totalement privées. Les Anglais en donnent eux-mêmes pour raison que cette tentative ferait déserter les écoles populaires, tant est grande la répugnance des classes laborieuses pour toute contrainte disciplinaire à l'égard de leurs enfants. La conséquence en est que ceux-ci n'apprennent pas à obéir et, n'ayant d'autre loi que leurs instincts, sont perdus pour le bien public : véritables bourdons de la ruche britannique.

Cependant, jamais l'Empire n'a eu besoin de tant d'hommes : le « made in Germany » ne s'applique pas seulement à la marchandise. Sur un accroissement de 29,000 marins dans la marine de commerce depuis cinq ans, 510 seulement sont Anglais. Les patriotes déplorent de voir l'Amérique du Sud et des terres d'Empire comme le Canada, l'Australie, l'Afrique australe, se peupler de Russes, d'Allemands et d'Espagnols, faute d'Anglais. Nous croyons, en France, que tout Anglais a en lui le germe d'un explorateur ou d'un colon ; rien de moins vrai, paraît-il : lorsqu'il se décide à émigrer, le sans-travail de Londres ou l'ouvrier de Manchester ne réussit pas à s'habituer à la vie en plein air de la forêt ou de la prairie, où il doit faire tous les métiers, bâtir sa maison, cuire son repas, soigner le bétail : hanté par la nostalgie de son bien-être grossier, et incapable de se passer du cabaret, du music-hall, du foot-ball, il revient les chercher dans les villes de sa vieille et brumeuse Angleterre. L'échec si fréquent des Anglais qui vont tenter la fortune aux colonies provient de ce qu'ils n'ont aucune idée de la discipline et du contrôle sur eux-mêmes et se rebutent devant les premières difficultés, faute d'esprit pratique et de persévérance. Telles sont, du moins, les raisons que donnent les Canadiens pour expliquer qu'ils ne veulent pas en employer chez eux.

Il n'est pas jusqu'aux progrès de la civilisation moderne qui ne portent atteinte à la valeur nationale : l'élévation des salaires, la bière à bon marché, la multiplication des œuvres d'assistance, les pensions pour la vieillesse, sont autant de facteurs qui interviennent pour amollir la race et y détruire l'énergie et l'aptitude au renoncement.

De leur côté, les officiers constatent, chez les jeunes gens qui leur arrivent pour se faire soldats dans l'armée régulière ou la territoriale, de grandes lacunes au point de vue du développement physique et moral ; la faible instruction qu'ils possèdent ne compense pas leur manque de caractère. Ils ne songent pas à s'observer eux-mêmes, ni à se considérer comme les premiers responsables de leur santé et de leurs propres actes ; ils n'ont aucune idée du patriotisme ni de l'abnégation.

Pour remédier au mal, on avait déjà des institutions s'occupant des enfants : la Boys' Brigade, la Church Lads' Brigade, l'Association chrétienne des jeunes gens.

La Boys' Brigade est composée de compagnies dépendant des églises et des écoles du dimanche ; les jeunes gens y sont soumis à la discipline et aux exercices militaires. En 1907, le nombre total des adhérents atteignait 58,000 pour le Royaume-Uni, 50,000 pour les autres pays anglo-saxons. L'été dernier 20,000 ont été faire un séjour sous la tente, et, au commencement d'août, il y avait le long des côtes d'Angleterre et d'Ecosse une véritable chaîne de camps de la Boys' Brigade. La Société est florissante et saisit toutes les occasions de manifester sa vitalité ; elle a eu pour président d'honneur le roi George V, lorsqu'il n'était encore que duc d'York.

La Youngs Men's Christian Association compte, dans les divers pays anglo-saxons, 7,881 branches, avec plus de 800,000 adhérents.

La Brigade des Enfants de l'Église (Church Lads'Brigade) a un caractère religieux très accentué. Elle comporte des organisations spéciales pour le diocèse de Londres, les Catholiques et les Juifs (London diocesan Church Lads'Brigade, Catholic Church Lads'Brigade, Jewish Lads'Brigade). Elle fut fondée en 1891 dans le but de développer parmi les jeunes gens de toutes les classes l'esprit de discipline et le sentiment du respect et de la dignité personnelle. Dans ces vingt années, 300,000 jeunes gens ont bénéficié de ses leçons et de son influence, grâce auxquelles ils ont apporté dans la vie nationale « un levain de bonnes manières, de santé physique et morale, de goût au travail, qui doit produire à la longue d'heureux effets sur le bien public[1] ». Dans toutes les unités de la Brigade, l'éducation physique est donnée d'une manière uniforme, basée sur les plus récentes découvertes scientifiques. L'œuvre tend donc à améliorer le physique, en même temps qu'à élever le caractère; elle amène les jeunes garçons à un degré de valeur morale qui les met en mesure de remplir tous les devoirs que le bien de l'État peut exiger d'eux.

Quels que soient les excellents résultats obtenus par ces institutions, elles présentent cependant des inconvénients : en quelques endroits, elles empiétent les unes sur les autres ; ailleurs, elles font complètement défaut, ou n'atteignent que certains éléments, laissant de côté les plus mauvais ; enfin, leurs méthodes ne sont pas populaires et ne savent ni attirer ni retenir les enfants.

Celle qu'a fondée le lieutenant général Baden Powell est, au contraire, parfaitement adaptée à son but. Au cours de sa carrière d'entraîneur d'hommes et de chef d'avant-garde, il avait remarqué les heureux résultats obtenus sur les soldats par leur préparation spéciale au service des reconnaissances. Il fut également frappé de la faveur qui accueillit dans les écoles son *Manuel de l'éclaireur*[2]. Cette vogue inattendue lui suggéra de faire servir à l'éducation du caractère et à la formation morale des jeunes garçons cette instruction pratique, basée sur le développement des aptitudes physiques, de l'acuité des sens, des facultés d'observation et de déduction.

Le Scouting s'adresse également à l'imagination des enfants et à l'instinct qui leur fait aimer les histoires de

---

[1] *Army and Navy Gazette*, 16 avril 1910.

[2] « Aids to Scouting » (1899). Le lieutenant général Baden Powell s'est toujours intéressé à cette question ; il a également écrit : « Reconnaissances and Scouting » (1890) ; « Vedettes » (1890) ; « Cavalry Institution» (1895).

brigands et les voyages de découverte. Il réunissait donc
tout ce qu'il fallait pour réussir auprès d'eux, grâce à des
méthodes appropriées à leur âge et à leurs goûts. Baden
Powell écrivit un nouveau traité intitulé : *Le service d'é-
claireurs pour les enfants (Scouting for boys)*. Le programme d'éducation physique et morale qu'il y déve-
loppait répondait si bien aux nécessités que, non seulement les écoles et les institutions s'occupant des enfants
l'adoptèrent immédiatement, mais que, par un résultat
inattendu, ce petit livre donna naissance à une organisation indépendante, entièrement basée sur le Scouting.

Telle est l'origine des Boy Scouts. Leurs progrès
furent rapides : datant du printemps de 1908, ils sont
actuellement 180,000 dans le Royaume-Uni, 300,000
dans le reste de l'Empire [1].

---

[1] A l'étranger, le mouvement s'est d'abord étendu aux pays scandi-
naves, à la Belgique, à la Hollande. En Allemagne, une nouvelle ligue.
« La Jeune Allemagne », vient d'être fondée (novembre 1911) sous la
présidence du feld-maréchal von der Goltz. Ses statuts ont été approuvés
par l'Empereur. Elle a pour premier objet de centraliser l'action des Jugend-
vereine existant déjà, et reçoit comme membres de jeunes garçons entre
14 et 19 ans. Elle doit développer en eux l'esprit de sacrifice et d'initiative et leur proposer comme idéal les vertus d'abnégation, d'obéissance, de courage, de chevalerie, de reconnaissance et d'honnêteté. L'instruction comportera des exercices militaires, la pratique du campement,
l'étude du terrain. Bien que son objet principal soit la formation du
caractère, cette institution se propose aussi d'établir une liaison intime
entre la jeunesse et l'armée.
Les Boy Scouts s'organisent aussi en Russie, où le général Baden
Powell a été invité par le Tsar à en jeter les premières bases. Mais jusqu'à présent, le mouvement a surtout un caractère de parade qui ne res-
semble pas au sérieux des Boy Scouts anglais. On va le ramener à son
véritable objet, qui est de militariser les écoles et d'y neutraliser les
influences subversives qui y dominent depuis quelque temps En outre
une commission, dépendant des ministères de la Guerre et de l'Instruction publique, étudie un projet de préparation militaire obligatoire dans
les écoles primaires et secondaires.

L'organisation est très simple : le Scout compte dans une patrouille de six à huit membres ; trois patrouilles au plus forment une « troupe » aux ordres d'un Scout-master. Des comités, ou associations locales, composés de Scoutmasters et de notables, développent le mouvement et le dirigent. Leur action est centralisée dans des conseils (un par comté ou grande ville) comprenant des notabilités en tous genres et des représentants des autres œuvres pour la jeunesse existant dans la région ; l'action de ces conseils s'exerce au moyen d'inspecteurs appelés Scout Commissionners. Ils reçoivent enfin l'impulsion suprême du Scout en chef, le général Baden Powell. Celui-ci a été honoré par le Roi du titre de chevalier en récompense de son dévouement à ses Boys ; il a quitté le service à cinquante-trois ans pour s'y consacrer entièrement[1].

*
* *

Son but, avons-nous dit, est de moraliser les enfants ; sa caractéristique est d'atteindre ce but par une méthode toute extérieure, mettant en œuvre leurs facultés physiques et fondée sur leur goût pour la vie d'aventures ; il veut en faire des hommes de devoir en en faisant des hommes d'action.

Au point de vue pédagogique, ses principes sont excellents. Partant de ce fait qu'il s'adresse à des enfants dont la force d'attention est limitée, il pose que l'enseignement théorique sera très court et toujours appuyé d'exemples destinés à éveiller leur intérêt ; les applications pratiques suivront le plus tôt possible. On le donnera le soir, pendant la veillée auprès du feu de camp ou lors d'un autre repos ; la démonstration est réservée pour la séance en

---

[1] Il est assisté d'un Conseil de quartier général et d'un Comité exécutif. Le siège de l'Association est 114-118, Victoria Street, London S. W.

plein air. Ainsi, prenons l'instruction sur le pistage : on expliquera avec des exemples l'utilité de savoir débrouiller une piste ; puis, en faisant des marques sur le sol, on apprendra à lire les traces et à en déduire la signification d'après leur nature, leur degré d'appuyé, etc. Enfin, on passera à la pratique en jouant à un jeu approprié, tel que la chasse au cerf[1].

C'est sur l'habitude de l'observation que repose tout entier le service d'éclaireur ; il est donc essentiel de la développer chez les enfants. On ira progressivement : on leur fera noter, pour commencer, les différentes sortes de boutiques sur leur chemin, en leur demandant de rappeler l'ordre dans lequel elles se trouvent ; puis ils devront relever et citer de mémoire tous les objets d'une devanture après un examen de deux minutes ; faire le même travail pour plusieurs devantures après une demi-minute d'examen pour chacune. Ce genre d'exercices peut être varié en l'appliquant aux véhicules rencontrés, aux passants, dont on note le costume, la physionomie, etc.

Baden Powell attache à l'étude des plantes et des animaux une importance qui n'a rien d'exagéré quand on songe à l'incroyable ignorance sur ce sujet des enfants des villes, malgré les tableaux scolaires et les échantillons montrés en classe.

Les jeux tiennent une grande place dans ce système d'éducation. Les uns tendent à développer l'esprit de décision ou l'aptitude à saisir rapidement une situation et à passer de la conception à l'exécution. Les autres ont

---

[1] Un boy part en avant avec une demi-douzaine de balles de tennis dans son sac : c'est le cerf. Vingt minutes plus tard il est suivi à la piste — si le terrain est trop sec il sème derrière lui des grains de blé, par exemple — par quatre chasseurs, armés chacun d'une balle. Après avoir marché un mille ou deux, il tend une embuscade aux chasseurs pour tâcher de les avoir à portée de ses balles. Chaque chasseur touché est considéré comme mort ; de même le cerf lorsqu'il a reçu trois balles.

pour but de former les jeunes gens à la discipline, c'est-à-dire de leur donner de la méthode et l'habitude d'obéir aux ordres. Les incidents qui se présentent doivent toujours être traités sérieusement. Le général insiste, d'ailleurs, sur le sérieux qu'il faut apporter dans toute l'éducation des enfants. Ainsi, il n'est pas douteux que la séance où la patrouille apprend à imiter le cri de l'animal qui lui sert de ralliement ne prête au comique : l'instructeur sauvera ce que la situation peut avoir de risqué en gardant lui-même un sérieux imperturbable, de sorte que les enfants aient conscience qu'en apprenant à pousser cet « appel », ils travaillent à grandir leur esprit de corps.

L'instruction pratique comprendra tout ce que comporte la vie du soldat, du chasseur et de l'explorateur en campagne. Colonial expérimenté et convaincu, le lieutenant général Baden Powell ne cache pas son intention de former des pionniers de l'expansion britannique à travers le monde. La science de l'orientation de jour et de nuit, la construction d'une hutte, d'une barque, l'abatage d'un arbre et le lancement d'un pont de fortune, le tressage d'une natte rustique, le matelotage, les diverses sortes de nœuds et d'épissures, la préparation du feu par tous les temps et la cuisson des aliments, la connaissance des plantes, l'observation des mœurs des animaux, telles sont quelques-unes des parties de ce programme. Joignez-y des notions de gymnastique rationnelle, d'hygiène et de médecine suffisantes pour permettre au Scout, non seulement de s'entretenir en bonne condition, mais encore de porter les premiers secours à un blessé ou à un asphyxié.

Cette instruction se donne en dehors des heures de classe, le samedi après-midi et le dimanche. Chaque Scoutmaster doit procurer à sa troupe comme lieu de réunion un local convenable, renfermant autant que possible des salles de jeu et de lecture, avec de bons journaux illustrés et « un feu clair l'hiver », insiste le lieutenant général Baden Powell. Souvent le local a comme annexe une salle de consommation, d'où sont naturellement exclues les boissons alcooliques.

Mais c'est sur la vie au camp pendant les vacances que comptent les instructeurs pour exercer leur action d'une manière efficace. Quelques semaines passées ainsi en plein air donnent toute facilité pour l'application de la méthode du Scouting et se prêtent merveilleusement au développement des enfants ; cette vie leur plaît par sa nouveauté. Travail et récréations y sont combinés pour le plus grand bénéfice de l'esprit et du corps, comme le montre cet emploi du temps adopté dans un camp placé l'été dernier sous la direction du lieutenant général Baden Powell en personne :

A 6 h. 30 lever, bain d'air, café et biscuit ;
  7 h. 00 parade pour la prière ; gymnastique ;
  7 h. 30 nettoyage des tentes et toilette ;
  8 h. 30 déjeuner (thé, jambon, pain avec beurre);
  9 h. 00 pratique du Scouting ;
11 h. 00 collation (biscuits et lait), jeux ;
  1 h. 30 dîner (2 ou 3 plats, légume, pudding, fruits
           cuits) ;
  2 h. 00 repos obligatoire ;
  3 h. 00 jeux ;
  5 h. 30 thé, gâteaux, confitures ;
  6 h. 00 récréation ;
  7 h. 30 causerie ;
  9 h. 00 collation (biscuits et lait ou cacao) ;
  9 h. 30 extinction des feux (à remarquer les six
           repas quotidiens).

Les terrains pour ces installations se trouvent facilement ; ils sont même gracieusement prêtés par les fermiers. Les enfants les en remercient en leur rendant des services, tels que mener le bétail aux champs, réparer les barrières, arracher les mauvaises herbes.

Les instructeurs sur lesquels compte Baden Powell, et qui ne lui ont pas fait défaut jusqu'à présent, sont les instituteurs, les prêtres, les membres de l'Association chrétienne des jeunes gens, les anciens officiers de l'armée, ceux des corps de Cadets, de la Church Lads' Brigade, enfin toutes les personnes de bonne volonté. Pour obtenir le titre de Scoutmaster, ils doivent d'abord présenter toute garantie au point de vue du caractère et de la valeur morale, et ensuite justifier, devant le conseil local, qu'ils possèdent une connaissance générale du manuel *Scouting for Boys*, en particulier de la *Loi du Scout*, et apprécient parfaitement le but moral auquel doit tendre toute cette instruction pratique ; qu'ils ont eux-mêmes une attitude personnelle et un caractère leur assurant une bonne influence sur les enfants, et une fermeté suffisante pour se tirer d'affaire, quels que soient les difficultés et les contretemps.

Le Scoutmaster ne reçoit son certificat que lorsqu'il a instruit sa troupe pendant trois mois au moins ; il a la charge de lui procurer un local et doit être doublé d'un assistant pour assurer la continuité de l'instruction.

On voit, par ces conditions imposées au recrutement des Scoutmasters, que l'instruction des Boy Scouts vise plus haut que l'acquisition d'une certaine pratique : elle tend par-dessus tout au développement moral de l'enfant, dont elle veut faire un citoyen utile et un homme charitable à son prochain.

Elle a pour but d'empêcher les enfants de la plus basse classe de tomber dans l'hooliganisme (l'hooligan est l'apache anglais), et de leur donner la santé, le caractère et un but dans la vie ;

*D'apprendre à ceux des classes riches à être chevale-
resques et sympathiques à l'égard de leurs frères moins
favorisés ;*

*Enfin, de mettre toutes les classes en contact et d'abattre
les barrières existantes, qui ne sont, près tout, qu'artifi-
cielles...*

La base de cet enseignement moral est la loi du Scout,
que le lieutenant général commente en termes d'une
grande élévation. Il explique qu'elle s'inspire de l'ancien
code de la Chevalerie et, à ce propos, donne aux Scouts
comme ancêtres et leur propose comme modèles les Che-
valiers du Moyen Age, qui ont tant fait pour la grandeur
morale de leur pays. « En adoptant leurs traditions, dit-
il, nous devons hériter de leur bon renom. Comme eux,
le Scout doit donc professer l'horreur du mensonge, le
culte de l'honneur, le dévouement au Roi et à la religion. »

Suivant sa devise : « Be prepared », il doit être pré-
paré dans son corps et dans son esprit, c'est-à-dire
entraîné physiquement et discipliné moralement pour
obéir avec facilité ; il doit avoir réfléchi à toutes les
situations, pour pouvoir agir comme il le faut au moment
voulu.

La loi du Scout est formulée en neuf articles :

1º L'honneur du Scout doit être tel que sa parole ne
puisse jamais être mise en doute ;

2º Il est loyal envers son Roi, sa patrie, ses officiers,
ses parents et ses employeurs ;

3º Il doit être toujours prêt à aider son prochain, à
lui sauver la vie et à accomplir une bonne action quotidienne ;

4º Il est un frère pour les autres Scouts, et un ami
pour tous, sans distinction de classe ; il n'est pas snob et
accepte les hommes tels qu'ils sont ;

5º. Il est courtois ;

6º Il est doux pour les animaux ;

**

7º Il obéit sans répliquer aux ordres de ses parents, de son chef de patrouille et du Scoutmaster ;

8º Il sourit et siffle dans toutes les circonstances, si difficiles soient-elles ;

9º Il est économe.

L'instruction morale des Boys portera donc sur tous ces points ; elle insistera sur le sentiment du devoir et le goût de la responsabilité, surtout sur l'habitude de la discipline, et parviendra à l'inculquer, non par des mesures répressives, mais en leur enseignant à se dominer eux-mêmes et à sacrifier leur plaisir propre au bien d'autrui. Leurs maîtres leur conseilleront la sobriété, l'abstinence de l'alcool et du tabac ; même ils n'hésiteront pas à aborder devant eux le sujet si important de la continence et de la pureté. et à leur donner sur ce point quelques explications « très franches » : « Un instructeur qui, par pruderie, laisserait glisser les enfants sur cette pente dangereuse sans un avertissement, commettrait une sorte de crime », ajoute Baden Powell.

L'enseignement doit toujours rester pratique ; ainsi, la bonne action à accomplir quotidiennement sera très simple : une vieille femme que l'on aide à traverser la rue, un seau d'eau donné à un cheval altéré, une écorce de banane écartée du trottoir, où elle risque de faire tomber les passants, etc.

Un principe fondamental de la méthode est d'accoutumer l'enfant à agir de lui-même et à prendre conscience de ses actes. Lors de son enrôlement, il reçoit une carte sur laquelle sont portés d'un côté le poids, la taille et la largeur de poitrine moyennes pour son âge ; de l'autre, ces mesures telles qu'il les possède actuellement : il voit de la sorte les points faibles de sa constitution. On lui enseigne, d'autre part. quel genre d'exercices il doit faire pour remédier à ces défectuosités. Six mois plus tard, on le mesure de nouveau. et on inscrit en face des précédents les chiffres obtenus, ce qui lui permet de constater par lui-même ses progrès. Le grand avantage de ce procédé est de laisser à l'enfant l'entière responsabilité de son développement personnel. Suivant la forte expression du lieutenant général Baden Powell, il faut l'amener à s'instruire lui-même, et non pas lui inculquer l'instruction à coups de marteau.

Les promoteurs de cette institution ont tenu à lui donner une base religieuse : *Elle manquerait son objet si elle n'amenait pas ses membres à la connaissance de la religion. Il faut en faire, pour les enfants, une pratique de tous les jours et la leur présenter, non pas comme une chose fade, austère ou mystérieuse, mais par son côté héroïque et comme un sentiment naturel à tous les honnêtes gens. L'étude de l'œuvre de Dieu dans la nature est un bon moyen de les y amener ; c'est d'ailleurs un sujet tout indiqué pour les instructions du dimanche. Après avoir assisté à l'office divin, rien de mieux que de consacrer le reste de la journée au Scouting. N'est-il pas préférable de se livrer à l'observation des mœurs des animaux ou des merveilles des plantes et des insectes que de traîner son dimanche dans cette fainéantise dominicale qui est la ruine de tant de jeunes gens et de jeunes filles ?*[1]

La question religieuse se posa dès l'origine ; du moment que le but principal du mouvement était la formation morale des enfants, l'idéal chrétien s'imposait à eux comme à leurs maîtres. Ainsi qu'il fut dit dans une conférence au Crystal Palace, le 9 septembre 1909 : « *Si nous n'avions en vue que de faire de nos boys des territoriaux en miniature, ou simplement de bons et utiles citoyens, j'accorde que la religion pourrait avoir moins d'importance. Mais, si notre but n'était que celui-là, trouverait-on*

---

[1] Cf. *Religious Observances for Scouts*, édité par le quartier général de l'Association, et *Scouting for Boys*, pp. 224-225 et 301-302.

des hommes pour consacrer leur vie à ces boys, malgré les frais, les efforts et les déceptions qu'ils rencontrent, une fois tombé l'enthousiasme provoqué par la nouveauté du Scouting ? »

La première obligation exigée du boy quand il demande à s'engager dans les Scouts est la prestation du serment, qui lui impose l'accomplissement de ses devoirs envers Dieu, envers le Roi et envers le prochain ; d'où la nécessité, pour ses maîtres, de l'aider dans cette triple tâche. Les objections de quelques Scoutmasters, que ce n'était pas leur affaire, mais celle des ministres du culte, ont amené une déclaration de principes. Dans l'assemblée du Crystal Palace, dont nous avons déjà parlé, la résolution suivante a été votée à l'unanimité : « *Que l'attention des Scoutmasters devait être attirée sur la première obligation du serment des Scouts : « Loyauté envers Dieu »*, *et qu'on leur demandait d'examiner les meilleurs moyens de porter cette obligation à la connaissance de leurs troupes respectives.* »

De son côté, le lieutenant général Baden Powell a exprimé nettement sa façon de penser à ce sujet : tout en faisant la réserve que les observances religieuses des Scouts ne peuvent pas comporter de pratiques confessionnelles, en raison de la diversité des sectes auxquelles ils appartiennent, il affirme la nécessité du culte rendu à Dieu, de la pratique du bien envers le prochain et du renoncement envers soi-même. D'ailleurs, le règlement de son camp fixe l'heure de la prière.

*
* *

Quelque rapide qu'ait été ce grand mouvement, il date de trop peu de temps pour qu'on puisse juger de ses effets moraux sur l'ensemble de la jeunesse britannique. Toutefois, les actes de sauvetage à l'actif des

Boy Scouts sont déjà nombreux, et, en certaines circonstances, comme lors du terrible accident de Crayton, sur la ligne de chemin de fer Londres-Brighton, ils se sont fait remarquer par l'activité et l'intelligence qu'ils ont apportées à l'organisation des premiers secours, et ensuite par la discipline avec laquelle ils se sont mis à la disposition des autorités.

Quant à ses résultats pratiques, ils ne sont pas à dédaigner, si l'on en juge par la nature des épreuves auxquelles doivent satisfaire les Scouts.

Un enfant qui veut devenir Scout entre en relations avec la patrouille de son voisinage. Pour être admis comme postulant, si l'on peut dire, sous le nom expressif de « tenderfoot », il doit connaître la loi des Scouts, leur signe de ralliement, leur salut, les couleurs de l'Union Jack, et savoir exécuter quatre sortes de nœuds ou d'épissures en usage dans la marine ou l'industrie.

Il prête alors le serment du Scout : « Sur mon honneur, je promets de faire de mon mieux pour remplir mes devoirs envers Dieu et le Roi ; pour aider mon prochain en toute circonstance ; pour obéir à la loi du Scout. »

Avant de recevoir l'insigne du Scout de 2ᵉ classe, il doit justifier qu'il a au moins un mois de service comme « tenderfoot », qu'il possède les premiers principes de l'art de l'infirmier et la connaissance élémentaire des signaux sémaphoriques et de l'alphabet Morse ; suivre en vingt-cinq minutes une piste d'un demi-mille ou, en ville, décrire d'une façon satisfaisante le contenu d'une devanture de boutique observée pendant une minute ; parcourir un mille en vingt minutes au « pas de l'éclaireur », — alternance de pas accéléré et de pas gymnastique ; — préparer et allumer un feu en plein air sans user plus de deux allumettes ; cuire un quartier d'une livre de viande et deux pommes de terre sans autres ustensiles de cuisine que la gamelle réglementaire ; posséder au moins six pences dans une caisse d'épargne ; connaître les seize directions principales données par la boussole.

Enfin, l'insigne de Scout de 1re classe n'est obtenu qu'au prix des épreuves suivantes :

Nager 40 mètres ; avoir au moins 1 fr. 25 à la caisse d'épargne ; envoyer et recevoir un message en signaux sémaphoriques ou signaux Morse à la cadence de 60 lettres à la minute ; faire à pied ou en bateau à rames une course de 14 milles aller et retour et rédiger sur cette course un bref rapport ; expliquer ou mettre en action les moyens de sauver la vie dans le cas de deux accidents pris parmi les suivants : noyade, cheval emporté, gaz asphyxiant, rupture de glace ; ou sauver un blessé ou ranimer une personne qui semble asphyxiée ; cuire d'une façon satisfaisante deux des plats suivants : porridge (bouillie), lard, ragoût, ou dépouiller et cuire un lapin, plumer et cuire un oiseau ; lire une carte correctement et dessiner un croquis intelligible ; s'orienter sans l'aide de la boussole ; manier la hache suffisamment pour établir une charpente légère ou produire un travail de menuiserie, d'ajustage, ou apprécier des distances ou des altitudes avec une erreur de 25 p. 100 ; présenter un « tenderfoot » instruit par soi-même.

L'insigne est porté par les Scoutmasters avec une bague et une plume sur le côté gauche du chapeau ; par le chef de patrouille, sur le devant ; par les simples Scouts, au bras gauche. Le Scout de 2e classe n'a que la banderole avec la devise.

Chaque spécialité reçoit également un insigne décerné après des épreuves subies devant une cour d'honneur. Citons ceux d'infirmier, de pionnier, de signaleur, de matelot, de mécanicien, de télégraphiste, de tireur, de stalker (celui qui fait preuve d'une connaissance particulière des plantes et des animaux).

La patrouille se groupe autour d'un guidon triangulaire, portant en noir l'effigie de l'animal-emblème

auquel elle emprunte son cri de ralliement et son nom ;
on dit la patrouille des loups, celle des courlis, celle des
chacals, etc. Pour indiquer leur passage, les membres de
la patrouille dessinent sur le sol la trace de ses pas, le
« vol ce l'est », en terme de vénerie.

Ils ont aussi un signe de reconnaissance qui leur est
commun à tous : les trois premiers doigts levés, le pouce
rabattu sur le petit doigt. La main ainsi portée à hauteur
du front donne le salut, réservé aux officiers des Scouts
ou de l'armée royale, au drapeau des régiments, à
l'Union Jack, au « God save the King » ; levée à la hauteur de l'épaule, c'est le demi-salut qu'échangent les
Scouts entre eux.

A propos du salut, comme un esprit insubordonné
protestait auprès du lieutenant général Baden Powell
« qu'étant Anglais, il ne voyait pas pourquoi il saluerait
en portant la main au front d'autres Anglais comme lui,
qu'il n'était pas un esclave, etc., », le général lui donna
du salut et de sa dignité l'explication que voici : au
Moyen-Age, le salut était l'apanage de l'homme libre,
qui avait seul le privilège de porter les armes : quand il
rencontrait un être sans défense, une femme ou un ami,
il portait la main à hauteur du front pour marquer qu'il
n'avait pas intention de faire usage de ses armes. On doit
considérer le salut comme une marque d'estime entre
pairs, et il ne comporte aucune idée d'infériorité.

Dans le cas où un inconnu fait à un Scout le signe de
reconnaissance, celui-ci le lui rend et lui tend la main
gauche ; si l'inconnu montre alors son insigne, il doit
être traité en frère.

*
* *

Telle est dans ses grandes lignes cette organisation qui
a su frapper où il fallait pour atteindre la jeunesse britannique, car elle s'étend à travers tout le monde anglo-

saxon [1]. Est-ce à dire que le mouvement n'a pas rencontré d'opposition ? Au début, on se moqua de son « don Quichottisme » et l'on tourna quelque peu en ridicule ces voyages de découvertes en banlieue. On sait, d'autre part, combien, malgré le réveil patriotique causé par la guerre du Transvaal et surtout par la puissance grandissante de l'Allemagne, la masse de la nation anglaise demeure hostile à l'idée militaire. A plusieurs reprises, le lieutenant général Baden Powell a dû se défendre contre le reproche adressé au Scouting d'avoir une tendance au militarisme. Il a d'ailleurs réussi à convaincre le peuple, puisque dans certains centres industriels et miniers, des parents nettement antimilitaristes lui envoient leurs enfants. En particulier, il ne veut pas de « l'exercice », auquel il reproche de détruire la personnalité, et il interdit absolument les dénominations de grades en usage dans l'armée, tels que lieutenant, capitaine, etc. Le service de l'éclaireur en temps de paix, « Peace Scouting », comporte seulement ce qui est nécessaire au colonial, à l'homme des frontières, au prospecteur d'or, au ranchman pour se tirer d'affaire par ses ressouaces personnelles et sa force de caractère. Toutefois, le général a écrit en parlant de son œuvre : « Elle est déjà assez avancée pour que les officiers puissent en tirer parti, et la question se pose de savoir si le Gouvernement ne pourrait pas l'utiliser pour agir sur l'avenir de la génération qui se lève. Les Pouvoirs publics ont certainement quelque chose à faire si nous voulons prendre en main le salut de notre pays dans l'avenir ; à défaut du service militaire obligatoire, dont l'opinion publique est encore bien éloignée, ce serait un grand progrès d'assurer la

---

[1] Un des premiers actes du duc de Connaught en arrivant au Canada comme Gouverneur général a été d'accepter le titre de chef des Éclaireurs du Dominion.

formation morale et l'éducation du caractère comme partie intégrante de l'éducation scolaire. »

Il est certain que la pratique du terrain et surtout la discipline acquises par les Boy Scouts préparent en eux de bons éléments pour la territoriale. En fait, 70 p. 100 d'entre eux s'engagent lorsqu'ils ont atteint l'âge requis, et, remarque justement leur chef, c'est avec l'idée bien arrêtée de remplir leur devoir envers la patrie, conséquence du patriotisme et de l'esprit de sacrifice qui leur ont été inculqués.

A ce point de vue, tous les Anglais soucieux de l'avenir militaire de l'Empire sont reconnaissants à Baden Powell. On lui sait également gré d'avoir fait appel à l'instinct que les Anglais jugent caractéristique de leur race et dont ils sont très fiers : l'amour des aventures, grâce auquel à un certain âge ils ont tous la vocation d'être pirates ou cowboys.

D'autre part, les habitudes de bonne tenue et de dévouement développées chez les enfants se font apprécier d'elles-mêmes ; l'esprit qui anime les Scouts les élève vraiment au-dessus de la recherche d'une simple distraction. Quel plus bel éloge que celui que leur a décerné le *Times* : « Leur uniforme est mieux qu'une marque distinctive ; il représente actuellement une disposition d'esprit qui rend son porteur courtois en paroles et en actes, et secourable à son prochain. »

Lord Kitchener les passant en revue lors des fêtes du couronnement a exprimé plus chaleureusement encore l'admiration que lui inspirait cette institution : « Elle détruit les préjugés de classe et fait naître la camaraderie, la discipline, l'ingéniosité, l'abnégation, la sympathie. Elle a pour idéal l'esprit chrétien et le patriotisme au suprême degré, et plus tard, quand les Scouts auront grandi, à quel plus beau titre pourront-ils aspirer qu'à celui d'homme loyal et de patriote sincère ? »

*
* *

Il faut remarquer que si dès l'origine les Boy Scouts ont obtenu l'agrément et les encouragements du Roi, des plus hauts personnages, tels que lord Roberts, lord Kitchener, lord Charles Beresford, et même du Ministre de la guerre à titre individuel, ils demeurent absolument indépendants de l'autorité militaire, de même que les autres institutions similaires. En 1910, le Conseil de l'armée, cherchant à réaliser une organisation d'ensemble de la préparation militaire, avait proposé à la Boys'Brigade et à la Church Lads' Brigade de se soumettre à son contrôle dans de certaines conditions, moyennant lesquelles elles se verraient officiellement reconnues et assimilées aux corps de cadets. Elles consultèrent les autorités ecclésiastiques dont elles dépendent et leurs adhérents. A la presque unanimité (90 p. 100) ceux-ci se prononcèrent contre ce projet, qu'ils jugent contraire à leurs intérêts. Il faut voir dans cette attitude, autant qu'une manifestation d'indépendance, une expression de l'hostilité des Anglais pour tout ce qui sent le militarisme. Les brigades ont motivé leur refus en revendiquant leur caractère essentiellement religieux ; l'objet de leurs efforts est l'éducation physique et morale des jeunes gens, et elles ne peuvent regarder la préparation militaire que comme un moyen et non comme un but. Conscientes des services qu'elles ont rendus à l'État en donnant à près d'un demi-million de jeunes garçons de sérieuses habitudes de discipline, et fortes du témoignage des nombreux officiers de territoriale auxquels elles ont fourni leurs meilleures recrues, elles demandent seulement la continuation de la bienveillante coopération des autorités civiles et militaires, mais ne veulent pas de contrôle officiel. D'ailleurs, on estime dans certains milieux qu'elles ont eu tort et s'exposent ainsi à être supplantées par les Boy Scouts et les corps de Cadets. Elles ont cependant fait une concession aux idées du jour en adoptant la méthode du Scouting et en créant des « patrouilles d'éclaireurs de l'Église », afin de donner aux jeunes garçons, jusqu'à ce qu'ils aient l'âge d'entrer dans la brigade, des facilités pour pratiquer cet exercice hygiénique. En tout cas, le Conseil de l'armée leur a manifesté son mécontentement de leur attitude en refusant de leur consentir comme d'habitude la location du matériel nécessaire à l'installation de leurs camps d'été.

Pour le moment, les unités de Cadets représentent donc le seul organe rattaché au Ministère de la guerre. On comprend sous ce nom tous les corps composés de jeunes gens groupés dans le but de recevoir l'instruction militaire. Ils doivent être en liaison intime avec l'armée territoriale ; comme pour celle-ci, leur organisation et leur fonctionnement ont été confiés aux Associations de Comté, auxquelles, cette fois encore, le Conseil de l'armée délègue ses pouvoirs, leur accordant seulement une subvention annuelle de 125 francs par compagnie.

Pour être reconnue par l'Association de Comté, l'unité de Cadets doit s'engager à fournir des recrues à l'armée territoriale, justifier qu'elle est en mesure de donner à ses membres les éléments de l'instruction militaire, et avoir une organisation financière la mettant en état de se subvenir entièrement par ses propres moyens. La reconnaissance officielle procure aux unités certains avantages, analogues à ceux accordés à nos sociétés de tir, tels que l'autorisation de camper sur les terrains militaires, d'utiliser les stands et champs de tir de l'armée, de toucher des armes et des munitions, d'être inspectées par des officiers de l'armée active ou de la territoriale, de recevoir leur concours comme instructeurs. Les corps de Cadets ont des officiers nommés par les Associations de Comté.

Les dernières instructions du Conseil de l'armée marquent une tendance à abandonner l'instruction militaire proprement dite et recommandent de développer les connaissances accessoires pouvant mettre en œuvre les aptitudes physiques et stimuler l'activité intellectuelle, telles que la gymnastique suédoise, la signalisation, la natation, la lecture des cartes, le service d'éclaireur, d'estafette, etc.

Les corps de Cadets ne sont pas nombreux en Angleterre et ne progressent pas, en raison de la concurrence que leur font les Boy Scouts et les sociétés religieuses. Dans un discours prononcé en présence du Ministre de la guerre, le lieutenant général Baden Powell a fait ressortir leurs inconvénients. Le principal est que leur caractère trop militaire effraye beaucoup de parents, qui ne veulent pas qu'on inculque à leurs enfants les idées de combat et d'effusion de sang (*sic*) avant qu'ils aient atteint l'âge de juger par eux-mêmes. Les dépenses d'uniforme qu'ils entraînent sont assez élevées pour en limiter l'accès aux enfants appartenant aux classes aisées. Ils recrutent difficilement leurs instructeurs, les officiers préférant des occupations militaires plus sérieuses. Le principe même de l'organisation des unités, qui fixe trente Cadets pour l'effectif minimum d'une compagnie, fait que leur création n'est possible que dans les centres populeux ; dans les districts ruraux, un jeune garçon n'a aucune chance de pouvoir devenir Cadet, tandis qu'il arrivera toujours à faire partie d'une patrouille de Boy Scouts. Ils négligent presque complètement l'éducation physique, réduite aux séances d'exercices. De même pour la discipline : le Cadet n'y est soumis que sous les armes ; suivant un mot pittoresque, « il la revêt avec son uniforme et la quitte en se déshabillant » ; elle ne pénètre pas son sang et son cerveau et ne devient pas une partie intégrante de lui-même. Les Boy Scouts, au contraire, se trouvent constamment en instance de devoir, si l'on peut dire, qu'ils soient ou non sous l'œil de leurs chefs ; témoin les nombreux actes de dévouement qu'ils ont à leur actif : 87 sauvetages l'an dernier.

Mais le principal reproche que méritent les corps de Cadets est de dégoûter par avance les enfants du métier militaire, dont ils ne leur montrent que les petits côtés : « Vous faites fausse route avec vos Cadets, a dit M. John Burns, parce que plus vous faites jouer les enfants au soldat, et moins ils auront envie de le devenir sérieusement le jour où ils en auront l'âge. Prenez bien garde à la manière dont vous faites briller devant leurs yeux la magie de l'uniforme royal, car, si vous en abusez, elle pourrait bien s'évanouir plus tard ». C'est en effet ce qui arrive pour les Cadets du Royaume-Uni, dont une faible proportion seulement passe au service.

Cette institution est beaucoup plus florissante dans les colonies. En Australie, elle fait partie intégrante de l'organisation militaire récemment mise en vigueur. De 12 à 14 ans, les enfants, obligatoirement enrôlés dans les Cadets juniors, sont soumis à un entraînement physique sous la direction de leurs maîtres. De 14 à 18 ans, ils reçoivent, à raison de 120 heures par an, les premiers principes de l'instruction militaire : ce sont les Cadets seniors. Les parents ou tuteurs qui négligent de faire inscrire leurs enfants encourent une amende de 2,500 fr. L'institution est si populaire que le nombre des inscrits s'élève à 130,000.

Dans la Nouvelle-Zélande, les Cadets juniors sont sous la direction du ministère de l'Éducation ; leurs officiers sont presque tous des professeurs et des instituteurs publics. Il n'est pas question d'en faire des soldats en miniature, mais simplement de leur donner les éléments de l'instruction du tir. Les frais annuels pour chaque enfant, comprenant l'uniforme, les armes, les munitions, s'élèvent à 12 fr. 50. Les Cadets seniors, de 14 à 18 ans, dépendent du ministère de la Défense, et tous les élèves des écoles et collèges secondaires sont légalement tenus d'en faire partie.

Au Canada, le nombre des corps est en progression constante et atteint 250, comprenant 15,000 garçons. La plupart sont rattachés aux écoles publiques et aidés par les commissions scolaires, qui leur fournissent les uniformes, l'équipement et les salles d'exercice. Ils sont inspectés par des officiers de la milice. L'instruction est donnée par un corps d'instructeurs de Cadets, composé d'instituteurs publics ; ces instituteurs reçoivent des allocations à titre d'indemnité.

Nous ne parlerons pas ici des corps de Cadets organisés dans les collèges et les universités sous le nom d'*Officers training corps*, parce qu'ils sont destinés spécialement au recrutement des officiers de complément et ne rentrent pas dans les œuvres de préparation militaire proprement dites. Mais il faut dire un mot des écoles militaires préparatoires, analogues à nos Ecoles de Rambouillet, Autun et Billom [1].

La plus ancienne est l'Ecole royale militaire du duc d'York, à Chelsea, fondée en 1801 pour venir en aide aux femmes ou veuves des soldats qui, à cette époque, étaient perpétuellement en campagne. La Chambre des Communes décida que cette institution ne pouvait pas être abandonnée à la charité privée, fit restituer aux donateurs leurs souscriptions, et vota des crédits. L'école reçut au début 300 garçons et 300 filles ; en 1817, le nombre des enfants fut porté à 1,500, ce qui nécessita l'ouverture d'un autre établissement à Southampton, et d'une maison spéciale pour les enfants en bas âge à l'île de Wight. Des diminutions successives réduisirent ce nombre à 510, tous garçons, et les maisons de Southampton et de Wight furent supprimées. L'administration,

---

[1] *National Defence*, 111, 14.

d'abord livrée à une commission de contrôleurs, a été prise en mains par le ministère de la guerre, et les contrôleurs ne fonctionnent plus guère que comme un comité consultatif en matière financière ; leur rôle se borne surtout à décider les admissions. Les places sont réservées aux fils légitimes de soldats ou d'anciens soldats ; les orphelins jouissent d'une préférence ; la situation nécessiteuse des parents a plus d'influence que les services militaires.

Tout le temps que dure la présence des enfants à l'école, ils sont soustraits à l'autorité de leurs parents ou de leurs tuteurs, et les contrôleurs agissent *in loco parentis*. La plupart des enfants entrent dans l'armée, bien qu'ils n'y soient pas contraints. Le règlement est très doux : dix heures de sommeil, quatre de récréation, cinq de classe, une heure d'exercice militaire, deux heures de travail à l'atelier ou de travaux de propreté.

Les anciens élèves actuellement au service se répartissent comme suit :

   36 officiers ;
   63 warrants officers ;
 612 sous-officiers ;
 220 musiciens ;
 172 trompettes ;
 239 simples soldats ;
 214 ordonnances.

En dehors des 36 officiers :
 418 sont notés comme exemplaires ;
 813 très bons ;
 194 bons ;
  51 passables ;
  11 indifférents.

A l'école est annexée une école normale comprenant 40 élèves destinés à faire des professeurs dans les écoles militaires ; ils sont recrutés au concours, parmi les élèves de l'Ecole du duc d'York et des candidats venant de l'extérieur. La durée des cours est de trois ans.

L'Ecole royale militaire d'Hibernie doit son origine à la philanthropie du vicomte Townshend, lord-lieutenant d'Irlande, en 1765. Elle fonctionne dans des conditions analogues à l'école du duc d'York et compte actuellement 450 élèves.

L'Ecole de la reine Victoria est toute récente ; elle a été fondée par souscription publique et est entretenue par le budget de la guerre. Elle est réservée aux fils des soldats et marins écossais ; leur nombre a été provisoirement fixé à 275.

On se plaint que le total des admissions dans ces écoles soit très insuffisant par rapport à celui des demandes, et l'on voudrait que le nombre des enfants qui y sont reçus fût aussi considérable qu'il y a cent ans. On voudrait également qu'au lieu de lâcher les enfants à 14 ans, elles les conservassent jusqu'à 18, en les préparant, suivant leurs capacités, à faire des sous-officiers ou des ouvriers militaires, tailleurs, bottiers, selliers.

Sous leurs aspects divers, ces institutions conservent un commun caractère : qu'elles poursuivent, comme but principal, la formation morale et religieuse de leurs adhérents, ou cherchent à cultiver chez eux les qualités qui font l'homme d'action, ou se proposent de les initier à l'école du soldat, toutes concourent à former des citoyens soucieux de la grandeur de la patrie et capa. les d'y coopérer. Elles doivent pouvoir prospérer côte à côte, car elles se complètent mutuellement : ainsi, la Boys' Brigade et les Boy Scouts préparent l'action des corps de Cadets en dressant les enfants à l'obéissance, ou bien en leur donnant, sous une forme attrayante et pratique, les premières notions militaires.

A l'heure critique où un homme de l'autorité de lord Roberts peut dire que la première des réformes sociales à réaliser est celle de l'éducation, qui, jusqu'à présent, a failli à sa mission essentielle d'inculquer aux jeunes gens le culte de la patrie et le sentiment de ce qu'ils lui doivent, il faut reconnaître que cet ensemble d'œuvres présente un puissant intérêt pour l'éducation nationale. C'est sur leur perfectionnement que comptent les dirigeants du peuple anglais pour l'amener à l'idée du service militaire pour tous, indispensable à la grandeur, peut-être même au salut du pays.

A LA MÊME LIBRAIRIE

Les armées des principales puissances au printemps de 1911. In-8, reliure souple (2e année). .... 4 fr.

(Une édition de cet ouvrage sera publiée chaque année.)

* — *France et Allemagne.* — **Les budgets et la guerre.** 1908, broch. in-8 .... 2 fr. 50

La prochaine guerre; aperçu du théâtre des opérations; par L. A. 1887, in-8. .... 50 c.

La prochaine guerre; par le capitaine **Hart.** 1899, in-8. .... 1 fr.

La prochaine guerre. — **Victoire ou défaite;** par le colonel G. **Humbert,** breveté d'état-major. 1900, broch. in-8 avec carte en couleurs. .... 2 fr.

De Moukden à Nancy; par le commandant **Ferry.** 2e édition, 1907, in-12 avec cartes .... 2 fr.

Questions militaires d'actualité; par le général H. **Bonnal.**

> 1re Série. — *La prochaine guerre.* — *Le haut commandement.* — *Les avant-gardes d'armée.* — *Le testament militaire de Kouropatkine.* 1906, in-12 .... (Épuisé).

> 2e Série. — *La première bataille.* — *Le service de deux ans.* — *Du caractère chez les chefs.* — *Discipline.* — *Armée nationale.* — *Cavalerie, etc.* 1908, in-12 .... 3 fr. 50

> 3e Série. — *Les grandes manœuvres en 1908.* — *La psychologie militaire de Napoléon, etc., etc.* 1909, 1 vol. in-12 avec 1 portrait et 2 cartes ..... 4 fr.

> 4e Série. — *L'infanterie aux grandes manœuvres.* — *La liaison de l'artillerie et de l'infanterie.* — *Troupes auxiliaires d'Afrique.* — *Un voyage à Berlin en 1901.* — *Le danger allemand, etc., etc.* 1911, in-12.... 3 fr.

L'Alerte; par Pierre **Baudin.** 1906, in-12 .... 3 fr. 50

(Ouvrage couronné par l'Académie française.)

Publications du 2e Bureau de l'État-Major de l'Armée

Nouveaux règlements de manœuvre de l'armée anglaise. — *Étude critique;* par le capitaine **Fournier,** du 2e bureau de l'état-major de l'armée. 1903, broch. in-8 .... 1 fr. 50

L'Armée allemande. Étude d'organisation; par le commandant **Martin** et le capitaine **Pont.** 1 vol. in-8 avec croquis des emplacements de l'armée allemande. 10 fr.

Organisation de l'armée austro-hongroise (mai 1900); par M. le capitaine **Debains.** 1900, 1 vol. in-8 .... 4 fr.

L'Autriche-Hongrie et la frontière italienne; par le capitaine breveté **Durny.** 1907, broch. in-8 avec cartes .... 1 fr. 25

L'armée italienne. — Étude d'organisation; par **Lagier,** chef de bataillon breveté au 158e rég. d'infant. 1 fort vol. in-8 avec une carte militaire de l'Italie. 20 fr.

L'armée russe après la campagne de 1904-1905; par le capitaine Patrice **Mahon,** du 30e rég. d'artillerie. 1906, 1 vol. in-8 .... 5 fr.

La nouvelle organisation de l'armée espagnole; par le capitaine **Cazalas.** 1 vol. in-8 avec cartes .... 2 fr.

L'armée et les institutions militaires de la Confédération suisse au début de 1907; par H. **Lemant,** chef d'escadron breveté au 28e dragons. 1907, in-8 .... 12 fr.

L'armée japonaise en 1908; par le capitaine breveté R. **Bluzet,** officier d'ordonnance du Ministre de la guerre, détaché à l'état-major particulier du Ministre de la marine. 1908, broch. in-8 avec graphiques. .... 2 fr.

Paris. — Imprimerie R. Chapelot et Cie, rue Christine, 2.

www.ingramcontent.com/pod-product-compliance
Lightning Source LLC
Chambersburg PA
CBHW051343060726
47596CB00004B/1749